Mirjam Müntefering

Mut auf sanften Pfoten

Mit Bildern von Laura Rosendorfer

Hase und Igel®

Grüne Augen in der Hecke

Lilli wohnt mit ihren Eltern in einer kleinen Siedlung, in der Nähe der Schule. Am Anfang fand sie das super. Lilli ist nämlich schüchtern. Wäre es nicht grässlich gewesen, wenn sie jeden Morgen und Mittag mit all den anderen Kindern im Schulbus hätte fahren müssen? Nein, da ist es ihr viel lieber, allein den Weg zum Unterricht zu laufen.

Aber dann stellte sich heraus, dass Jannik und Fabian, die Zwillingsbrüder aus dem Nachbarhaus, denselben Schulweg haben. Und das ist gar nicht schön, denn die beiden sind ziemlich vorlaut. Immer wenn sie Lilli entdecken, rufen sie ihr dumme Sprüche hinterher.

Auch heute haben sie leider wieder zur selben Zeit Schulschluss. „Na, Lilli, willst du mit uns zusammen heimgehen?“, meint Jannik direkt hinter der großen Schultür. Er kommt mit dem Gesicht ganz nah an Lillis heran und grinst. Seine Sommersprossen scheinen zu tanzen. „Du hast doch Angst vor jedem Schatten. Wir können dich vor den Monstern beschützen, die aus den Gullys springen. Huuuaaaah!“ Dazu zieht er eine Grimasse.

Fabian lacht sich kaputt. Mit dem dunklen Haar sieht er ganz anders aus als der blonde Jannik – das gibt es auch bei Zwillingen.

Lilli nimmt ihre Schultasche vom Rücken und senkt den Kopf, als müsste sie darin etwas suchen. Sie guckt so lange hinein und stöbert in den ordentlich sortierten Fächern herum, bis sie die Zwillinge nicht mehr kichern hört. Dann erst hebt sie den Blick und sieht die beiden Jungen gerade noch um die Schulhofecke verschwinden.

Verlegen schaut Lilli sich um. Aber den anderen Kindern ist wohl nichts aufgefallen. Wie immer kümmert sich niemand richtig um Lilli. Wirkliche Freundinnen oder Freunde hat sie keine. Ihr fehlt einfach der Mut, eine der Klassenkameradinnen anzusprechen, die sie nett findet.

Mama macht sich ständig Sorgen, weil Lilli so oft allein ist. Doch wenn Mama darüber spricht, ist es Lilli peinlich, dass sie nicht wie ihre Mitschüler ist.

Papa tröstet sie oft: „Das kommt schon noch, Lilli. Ich war als Kind auch schrecklich schüchtern.“ Das ist kaum zu glauben, denn Papa redet nett und freundlich mit allen, mit denen er sprechen will. Und wenn er mal eine andere Meinung hat als jemand, dann sagt er das.

Während sie grübelt, ob sie selbst wohl jemals mutig genug dafür sein wird, geht Lilli den gewohnten Weg nach Hause. Sie ist so in ihre Gedanken vertieft, dass sie fast Jannik und Fabian in die Arme läuft. Die beiden stehen vor einer dichten Hecke und haben offenbar etwas zu bereden.

Blitzschnell zuckt Lilli zurück hinter einen Busch. Wenn sie nach Hause will, muss sie an den Brüdern vorbei. Aber das kommt gar nicht infrage. Das traut sie sich nicht. Was machen die denn da überhaupt? Heimlich beobachtet Lilli die Jungen aus ihrem Versteck heraus.

Fabian kramt in seiner Schultasche und fördert schließlich die Butterbrotdose zutage. „Das gibt Ärger, wenn ich das Brot nicht gegessen habe", sagt er mit einem Blick hinein.

„Dann hättest du den Schokoriegel von Max nicht mampfen sollen", meint sein Bruder.

„Stimmt." Fabian zögert nicht, sondern pfeffert das Brot in die Hecke. „So, Problem erledigt." Die beiden grinsen sich an und Fabian schultert seine Tasche.

„Wer als Erster am Gartentor ist!", ruft Jannik. Und schon rennen sie los.

Lilli sieht sie um die nächste Straßenecke verschwinden und wagt sich hinter dem Gebüsch hervor. Ts, Sachen irgendwohin schmeißen, das macht man doch nicht, das ist Umweltverschmutzung. Und wenn es

Nahrungsmittel sind, ist es auch noch Verschwendung. Aber natürlich würde sie sich nie im Leben trauen, die beiden darauf anzusprechen und ihnen zu sagen, dass sie ihren Müll wieder aufsammeln sollen.

Lilli wirft einen Blick zwischen die dichten Zweige der Hecke. Tatsächlich, da liegt ein angebissenes Salamibrot – so etwas würde sie bestimmt nicht einfach in die Gegend werfen.

Als sie gerade weiterlaufen will, stutzt Lilli plötzlich. Von der anderen Seite der Hecke blinzeln sie nämlich zwei Augen an. Es sind grüne Augen, die aus einem grauen Gesichtchen zu ihr hochschauen. Das ist eine Katze! Und was für eine süße. Sie ist komplett grau-schwarz gestreift und hat vier weiße Pfötchen.

„Hallo“, begrüßt Lilli sie und will schon in die Hocke gehen und das Tier mit ausgestrecktem Arm anlocken. Doch die Katze weicht rasch zurück. Der ängstliche Aus-

druck in ihren Augen erinnert Lilli an sich selbst. Langsam tritt sie zwei Schritte nach hinten, damit die Katze keine Angst haben muss. Die bleibt tatsächlich stehen und betrachtet das Mädchen genau.

„Ich tu dir nichts“, sagt Lilli leise. Oma meint, dass diese Tiere es mögen, wenn man ganz sanft mit ihnen spricht. Seit letztem Sommer wohnt bei Oma eine Katze aus dem Tierheim und deswegen weiß sie, wie man mit ihnen umgeht.

„Du interessierst dich für das Brot, ja?“, redet Lilli weiter auf die Katze ein. „Na, dann schnupper doch mal dran. Ich selbst würde es nicht wollen, da ist nämlich Salami drauf. Weil ich Tiere so mag, bin ich Vegetarierin und esse keine Wurst und kein Fleisch. Aber ich schätze, du findest das lecker, oder?“

Die Katze scheint es wirklich auf das Brot abgesehen zu haben. Langsam schleicht sie sich heran, beschnüffelt es und packt dann mit ihren spitzen Zähnen die Wurst. Sie verschlingt die ganze Salami und danach noch einen Großteil vom Brot.

Das ist seltsam, denn Omas Katze frisst zwar gern ihr Katzenfutter aus der Dose, würde aber bestimmt kein Brot anrühren. Vielleicht ist diese Katze enorm hungrig? So sehr, dass sie nicht nur ihre Angst vor Lilli überwindet, sondern auch Brot frisst?

Am Ende nimmt die Katze den Rest der Mahlzeit in ihre kleine Schnauze und läuft rasch davon. Was sie wohl damit vorhat?

Was sind Streunerkatzen?

„Mama, essen Katzen eigentlich Brot?“, erkundigt Lilli sich beim Mittagessen.

„Ich glaube nicht. Wie kommst du darauf?“

Lilli erzählt ihr von der getigerten Katze, die sie in der Hecke beobachtet hat.

„Ach, das war bestimmt eine Streunerkatze“, weiß Mama sofort das richtige Wort dafür. „Die ziehen durch die Gegend und schlagen sich oft mehr schlecht als recht durch.“

Lilli bekommt große Augen und denkt gleich an Omas Katze, die im Tierheim gelandet ist, weil ihre vorherigen Leute sie nicht mehr haben wollten. „Dann hat jemand die Arme ausgesetzt und jetzt muss sie sich ihr Futter selbst suchen?“

„So was gibt es natürlich auch. Aber meistens sind es verwilderte Hauskatzen, die schon draußen geboren wurden und es gar nicht kennen, bei Menschen zu leben.“

Da fällt Lilli wieder ein, wie schnell das Tier zurückgewichen ist, als sie es anlocken wollte. „Das kann sein. Sie war nämlich sehr scheu, hatte richtig Angst vor mir. Also muss sie sich ganz allein durchschlagen, immer draußen leben, auch im Winter?"

Mama nickt mit ernstem Gesicht. Sie nimmt ihr Handy, das sie bei den Mahlzeiten stets zur Seite legt, und schaut im Internet nach. „Aha, hier steht: Katzen sind sogenannte Hyperkarnivoren. Das heißt, sie fressen nur Fleisch."

Lilli verzieht das Gesicht. „Igitt! Aber als Katze kann man ja nichts dafür, dass man andere Tiere isst“, meint sie dann. „Vielleicht möchte meine Katze auch lieber vegetarisch leben und hat deshalb das Brot probiert?“

Diesmal schüttelt Mama den Kopf, während sie den Text im Internet weiterliest. „Ich denke eher, dass sie wirklich sehr hungrig war. Womöglich hatte sie länger kein Glück bei der Jagd und konnte keine Maus fangen. Oder sie versorgt Junge. Dann braucht sie nicht nur selbst Futter, sondern muss ja auch die Kleinen satt bekommen.“ Mama legt das Handy zur Seite und deutet auf Lillis Teller. „Genau wie ich. Deswegen iss jetzt mal deinen Gemüseauflauf!“

Das lässt Lilli sich nicht zweimal sagen.

Nach dem Essen und einem kleinen Schokonachtisch zieht es Lilli auf die Terrasse. Das Wetter ist so schön – da kann sie die Hausaufgaben doch auch draußen machen.

Sie ist noch nicht fertig, als nebenan mal wieder das Getöse losgeht. Denn Jannik und Fabian spielen einfach zu gern Fußball. Lilli mag das Dribbeln und Schießen auch total, vor allem, wenn Papa mit ihr kickt und ihr coole Tricks zeigt. Aber muss man dabei einen solchen Lärm veranstalten?

Die Zwillinge sind so laut, dass wahrscheinlich die ganze Siedlung sie hört. Bei diesem Krach kann wirklich niemand auf der anderen Seite der Mauer Hausaufgaben machen.

Mama schaut auf, als Lilli hereinkommt, und legt die Stirn in Falten.

„Frau Kampmann ist bestimmt noch bei der Arbeit“,

sagt sie. Frau Kampmann ist die Mutter der Zwillinge. „Soll ich die beiden Jungs mal zur Ordnung rufen, damit du weiter deine Aufgaben erledigen kannst?“

Lilli schüttelt den Kopf. „Ich bin gleich fertig.“

In Wahrheit möchte sie lieber nicht, dass Mama sich einmischt. Wenn sie nur selbst genug Mut hätte, um die Nachbarsjungen zu bitten, etwas leiser zu sein.

Söckchen in Not

Am nächsten Tag hat Lilli Glück. Fabian und Jannik haben noch Chorprobe und so kann sie ganz unbehelligt nach Hause laufen. Dort hält es sie aber nicht sehr lange. Nach dem Essen und den wenigen Hausaufgaben schlüpft sie zur Tür hinaus. Seit gestern geht ihr nämlich die Streunerkatze nicht mehr aus dem Kopf.

Vielleicht stimmt es, was Mama sagt, und die Katze hat Junge? Dann muss sie die doch irgendwo in der Nähe verstecken. Lilli ist neugierig, ob Mama mit ihrer Vermutung recht hat. Und um ehrlich zu sein: Katzenbabys sind so süß, dass sie unbedingt einen Blick auf sie werfen möchte.

Zuerst läuft Lilli zu der Hecke, in der sie die Katze gestern entdeckt hat. Aber da ist nichts zu sehen von Samtpfoten. Während Lilli durch die Siedlung streift, guckt sie in alle Büsche, hinter Fahrradschuppen und

Garagen. Doch nirgends findet sie eine Spur von der Graugetigerten.

Gerade will Lilli aufgeben und nach Hause zurückkehren, als sie einen kleinen Schatten über den nahe gelegenen Spielplatz huschen sieht. Die Rutschen, Schaukeln und Klettergerüste sind leer, niemand ist hier. Also geht Lilli langsam hinüber und späht in alle Richtungen.

Tatsächlich: Da läuft die Katze, die am Vortag Fabians Brot verschlungen hat! Lilli erkennt sie an den vier weißen Pfötchen.

Das Tier wirkt mager. Trotzdem glänzt sein Fell im Sonnenlicht.

Auf sanften Pfoten nähert sich die Katze einem vollen Abfallbehälter und schnuppert von unten an dem Gitterkorb. Sie stellt sich auf die Hinterbeine und probiert etwas aus dem Eimer zu angeln. Aber es klappt nicht. Immer wieder versucht sie es, immer wieder scheitert sie. Die vier weißen Pfötchen, die aussehen, als trüge das Tier Socken, sind einfach nicht kräftig genug.

„Ich könnte sie Söckchen nennen", schießt es Lilli durch den Kopf. Und da hat sie schon beschlossen, Söckchen zu helfen.

Als Lilli langsam näher kommt, versteckt sich die Katze in den Büschen hinter den Schaukeln, rennt aber nicht weg. Wahrscheinlich ist das, was sich im Abfall befindet, zu verlockend für einen hungrigen Streuner.

Lilli untersucht den Korb und entdeckt eine halbe Bratwurst, die noch in einem angebissenen Brötchen steckt. Mit spitzen Fingern pflückt sie alles heraus und legt es auf das Gras unter dem Korb. Dann zieht sie sich wieder zurück und setzt sich unten auf die Rutsche. Geduldig wartet sie.

Nach ein paar Minuten kommt Söckchen vorsichtig aus dem Gebüsch heraus. Ihr Blick wandert zwischen Lilli und der Bratwurst hin und her.

„Meine Güte“, flüstert Lilli. „Du bist ja wirklich noch schüchterner als ich.“

Söckchen sieht sie mit ihren grünen Augen besorgt an. Doch als Lilli nicht aufsteht oder sich ruckartig bewegt, traut sie sich näher heran und frisst mit Heißhunger die halbe Bratwurst auf. Die untere Hälfte des Brötchens ist ziemlich durchweicht. Die nimmt Söckchen ins Maul und verschwindet so leise damit, wie sie gekommen ist.

Diesmal passt Lilli auf und folgt der Katze mit etwas Abstand. Es geht über die Straße, auf der glücklicherweise gerade keine Autos unterwegs sind, und um die nächste Ecke. Dann taucht Söckchen unter einem Zaun durch in einen Garten. Lilli schaut darüber und bemerkt, dass die Katze auf der anderen Seite wieder hinausschlüpft – also nur eine

Abkürzung. Schnell huscht Lilli um das Grundstück und sieht, wie Söckchen in die Straße läuft, in der sie selbst wohnt. Ihr bleibt fast der Atem stehen.

Söckchen flitzt in die Einfahrt neben Lillis Elternhaus. Rasch rennt Lilli hinüber und späht in den Nachbargarten. Gerade noch bekommt sie mit, wie Söckchen hinter dem Gartenhaus verschwindet.

„Ach je!“, entfährt Lilli ein Seufzer. Ausgerechnet im Garten der Familie von Jannik und Fabian muss Söckchen zu Hause sein!

Lilli ist sich fast sicher, dass die Katze unter dem Kaminholz ihre Babys versteckt hat. Das heißt, sie ist wirklich in Not und auf Hilfe angewiesen.

Auf der Lauer

Beim Abendessen erzählt Lilli Mama und Papa von ihrer Entdeckung, dass die scheue Streunerkatze Söckchen gleich nebenan wohnt und dort wahrscheinlich Junge hat. „Sie sieht schrecklich dünn aus. Ich würde ihr so gern helfen“, schließt Lilli ihren Bericht und schaut ihre Eltern bittend an. Vielleicht haben die beiden ja eine Idee, wie sie das am besten anstellen könnte.

„Dagegen spricht grundsätzlich nichts“, sagt Mama zögerlich. „Allerdings solltest du sie besser nicht anfassen. Sie ist bestimmt nicht geimpft und hat womöglich Krankheiten.“

„Söckchen würde sich von mir gar nicht anfassen lassen“, erwidert Lilli. „Aber wenn sie krank ist, müssen wir ihr doch umso mehr helfen.“

Papa ist nachdenklich. „In der Zeitung hab ich neulich gelesen, dass der Katzenschutzverein um Spenden bittet. Vielleicht kümmert der sich ja auch um Katzen, für die sich sonst niemand interessiert?“

Vor Aufregung springt Lilli fast vom Stuhl auf. „Oh, fragst du die Leute von diesem Verein, bitte? Bestimmt wissen die, was Söckchen jetzt braucht.“

„Versprochen“, sagt Papa lächelnd. Lilli kann sich mal wieder nicht vorstellen, dass er früher mal so schüchtern war wie sie.

Als Lilli am nächsten Tag aus der Schule kommt, hat Mama eine Überraschung für die kleine Tierfreundin: Am Küchentisch sitzt eine ältere Dame vom Katzenschutzverein, Frau Wege. „Du bist also das Mädchen, das der Streunerkatze gern helfen möchte? Das ist wirklich toll von dir! Es gibt nicht viele Kinder, die sich um die Tiere sorgen, die hier allein auf der Straße leben“, lobt Frau Wege.

Lilli freut sich über die Worte, wird aber trotzdem so verlegen, dass ihr keine Antwort

über die Lippen kommt. Sie wirft Mama einen hilflosen Blick zu.

„Ja, Lilli ist sehr tierlieb“, sagt Mama. „Wie nennst du die Katze noch, Lilli?“

„Söckchen“, murmelt Lilli leise. „Weil sie vier weiße Pfoten hat.“

Frau Wege strahlt. „Ein schöner Name. Und Söckchen wird dir bestimmt dankbar sein, wenn du ihr ein bisschen hilfst. Weißt du, es gibt viele Streunerkatzen, die keine Menschen haben, die sich um sie kümmern.

Sie werden meist nicht besonders alt, denn sie finden oft nicht ausreichend Futter, leiden an Krankheiten und Parasiten, werden überfahren oder auch von Füchsen und Hunden getötet. Sie haben ein wirklich schweres Leben. Und weil niemand darauf achtet, bekommen die weiblichen Tiere mindestens einmal im Jahr Junge. Die Katzenwelpen haben häufig nicht genug zu fressen und sind allen möglichen Gefahren ausgesetzt."

„Oh nein!", entfährt es Lilli – und im selben Augenblick erschrickt sie über ihren Ausruf. Aber weil Frau Wege sie so nett ansieht, traut sie sich weiterzureden: „Ich glaube nämlich, dass Söckchen auch Babys hat. Schon zweimal hab ich sie dabei beobachtet, wie sie Essensreste weggetragen hat. Und seit gestern weiß ich, dass sie im Garten nebenan unter dem Kaminholz wohnt. Dahin bringt sie das Essen."

Frau Wege nickt interessiert. Es ist super, dass sie Lillis Worte so ernst nimmt. Man merkt gleich, dass ihr Herz ganz und gar dem Tierschutz gehört. „Wenn das Muttertier Nahrung zu den Kleinen bringt, haben sie bestimmt schon ein gewisses Alter erreicht. Am Anfang trinken sie nämlich nur Milch, musst du wissen, genau wie alle Säugetiere. Wollen wir mal nachschauen, ob wir die Jungen zu sehen kriegen?“

Mama und Lilli blicken beide zur Terrassentür. „Die Mauer ist zu hoch dafür. Aber wir könnten in Lillis Zimmer hinaufgehen. Von dort aus kann man in den Nachbargarten schauen“, schlägt Mama vor.

Das tun sie dann auch. Zu dritt lehnen sie im Fensterrahmen und behalten den Holz-

stapel hinter dem Gartenhaus der Familie Kampmann genau im Auge.

Und tatsächlich: Nach ein paar Minuten erscheint ein graues Gesichtchen mit Schnurrhaaren in dem Spalt zwischen Häuschen und Holzscheiten.

„Das ist Söckchen“, flüstert Lilli aufgeregt.

Hinter Söckchen tapsen drei Katzenbabys ins Gras. Eines ist ganz schwarz, ein anderes grau und das dritte ist getigert wie seine Mutter.

Lilli hatte also recht mit ihrer Vermutung: Söckchen ist Mama von drei kleinen Kätzchen!

Katzenbabys

Die drei Beobachterinnen schauen den Katzen im Nachbargarten eine Weile zu. Die spielen ausgelassen im Gras. Es ist so niedlich, wie die Jungen sich gegenseitig jagen. Ihre hochgereckten Schwänzchen ähneln Antennen mit abstehenden Haaren dran. Das Schwarze und das Graue können gar nicht genug bekommen von der wilden Balgerei. Aber das Getigerte läuft irgendwann zu Söckchen und kuschelt sich an seine Mutter, die sich putzt.

„Es ist das kleinste der drei Kätzchen und sicher auch das schwächste“, erklärt Frau Wege leise. „Das sind meistens die, die es nicht schaffen.“

Lilli muss schlucken. Dieses süße Katzenbaby soll … sterben – nur weil es nicht von einem Menschen beschützt wird? „Aber wieso denn?“, flüstert sie. „Kümmert sich Söckchen denn nicht um alle drei gleich gut?“

„Das schon, doch seine zwei Geschwister sind einfach kräftiger. Wenn Söckchen ihnen nur ein bisschen Futter bringt, bekommt das Kleinste am wenigsten ab, weil es sich nicht durchsetzen kann. So ist das eben in der Natur. Bei Welpen, egal ob Katze, Fuchs oder Wolf, überleben nur die stärksten und mutigsten.“

„Auweia, dann würde ich aber auch nicht überleben“, platzt Lilli heraus.

Mama und Frau Wege müssen lachen. Das hören die Katzen und flitzen schnell wie der Blitz zurück in ihr Versteck.

Mama seufzt. „Schade." Sie hatte also auch Spaß daran, die Katzen zu beobachten.

„Ich möchte Söckchen und ihren Kindern helfen", traut Lilli sich zu sagen. „Was kann ich tun?"

Die nette Frau Wege freut sich sichtlich über Lillis Entschluss. „Am besten hilfst du der kleinen Familie, indem du Futter hinstellst."

Lilli nickt eifrig. Doch dann wird ihr auf einmal klar, was das bedeutet. Ihre Schultern sinken nach unten und sie verzieht das Gesicht.

„Was ist?", fragt Mama verwundert. „Möchtest du deine Schützlinge nicht füttern?"

„Doch. Aber …" Lilli blickt kurz zu Frau Wege. Die sieht nicht so aus, als würde sie sich bei einer Katzenrettungsaktion von irgendetwas aufhalten lassen. Und schon gar nicht davon, dass sie zu schüchtern ist.

„Sag es ruhig", ermutigt Frau Wege sie.

Lilli spürt, wie sie knallrot wird. „Nebenan wohnen zwei Jungs. Und in den Garten kommt man nur, wenn man durchs Haus geht. Ich weiß nicht, ob ich mich das traue“, gesteht sie kleinlaut und fühlt sich wie eine Verräterin an Söckchen und ihren Babys.

„Du musst doch nicht in den Nachbargarten, um die vier zu füttern!“, ruft Frau Wege. „Ich hab gesehen, dass die Mauer hinten nur bis zu der dichten Hecke reicht. Durch die können auch die Jungtiere zu euch herüberschlüpfen und sich hier die kleinen Bäuche vollschlagen.“

„Aber woher wissen die denn, dass es bei uns was Leckeres gibt?“, fragt Mama erstaunt.

„Das riechen die doch, Mama!“, kichert Lilli erleichtert und Frau Wege grinst.

Gleich darauf wird die Tierschützerin ernst. „Ich denke, die Jungkatzen sind vielleicht vier oder fünf Wochen alt. Das heißt, Söckchen könnte schon bald ein weiteres Mal schwanger werden. Und dann geht der Kreislauf von vorne los.“

Da fällt Lilli etwas ein: „Omas Katze ist operiert worden, damit sie keine Jungen kriegen kann.“

Frau Wege nickt. „Alle Katzen, die draußen herumlaufen, müssen operiert werden, damit sie sich nicht immer weiter vermehren. Dafür gibt es sogar ein Gesetz. Bei Streunern kümmert sich der Katzenschutzverein darum. Aber es ist nicht einfach, die scheuen Tiere einzufangen. Man braucht viel Zeit und Geduld.“

Einfangen? Wie soll das gehen? Lilli kann es sich nicht vorstellen. Söckchen anfassen? Und sie in eine Transportbox stecken, wie Omas Katze eine hat? Das klappt doch nie im Leben.

Frau Wege hat Lilli ihre Zweifel wohl angesehen, denn sie erklärt: „Es gibt extra Katzenfallen dafür. Die haben an einer Seite eine Öffnung und innen einen Kippmechanismus – wenn die Katze darauf tritt, schnappt die Klappe hinter ihr zu. Damit das Tier sich in die Falle hineintraut, gewöhnt man es erst daran, dass es dort leckeres Futter findet. Solange schaltet man den Kippmechanismus aus und die Katze kann

problemlos wieder raus. Aber irgendwann ist es so weit: Die Falle wird entsichert und sobald das Tier auf den Schalter tritt, schlägt die Klappe zu."

„Und die Kleinen?", fragt Mama ganz erschrocken.

„Die fangen wir natürlich auch ein. Wenn die Mutter operiert ist, kommen alle vier ins Katzenhaus vom Verein. Dann können wir die Tiere an liebe Menschen vermitteln, die ihnen ein Zuhause geben wollen."

Lilli nimmt all ihren Mut zusammen und sagt: „Das möchte ich tun! Ich möchte Söckchen und ihre Kinder füttern und Söckchen für den Tierarzt einfangen. Ich bin vielleicht nicht besonders mutig, aber dafür hab ich jede Menge Geduld."

Frau Wege lächelt. „Und das ist in diesem Fall sowieso viel wichtiger!" Sie schaut Mama an, ob die auch einverstanden ist. Als Mama nickt, klatscht Frau Wege in die Hände. „Also dann! Schmieden wir einen Plan!"

Gelingt der Plan?

Noch am selben Nachmittag fahren Lilli und Mama zum Zoofachhandel und kaufen jede Menge Katzenfutter ein. Frau Wege hat erklärt, worauf dabei zu achten ist. Das Futter sollte kein Getreide enthalten, denn das ist für Katzen nicht gut, genauso wie Zucker.

Als sie eine Marke gefunden haben, bei der alles passt, muss Lilli schlucken: Die ist bei Weitem nicht die billigste. Doch tapfer schiebt sie den Wagen zur Kasse und öffnet den Brustbeutel mit ihrem Taschengeld. Auch vom Katzenschutzverein haben sie ein bisschen Geld für Futter bekommen.

Und Mama gibt ebenfalls etwas dazu. „Ich finde es so toll, dass du dich um die Katzenfamilie kümmerst, meine Große! Bin sehr stolz auf dich!“

Zu Hause finden sie vor der Tür die Katzenfalle, die Frau Wege vorbeigebracht hat.

Gemeinsam tragen sie die vielen Dosen ins Haus. Dann läuft Lilli mit den vier Näpfen hinaus, die sie auch gekauft haben. Sie stellt sie in die Nähe der Hortensien hinten im Garten. Der Ort ist gut geschützt und man sieht trotzdem vom Haus aus, was vor sich geht. Direkt daneben platziert sie die längliche Falle aus Metall, damit sich die Katzenfamilie gleich an den Anblick gewöhnt. Die Klappe befestigt Lilli so, dass sie nicht zuschnappen kann.

Lilli öffnet die erste Dose – igitt! Da ist natürlich Fleisch drin. Doch sie überwindet sich und füllt den Inhalt zu gleichen Teilen in die Näpfe. Einen stellt sie in die Falle hinein. Söckchen soll lernen, dass es drinnen auch etwas Feines gibt. Jetzt heißt es warten.

Es stimmt, dass Lilli sehr viel Geduld hat. Während Mama im Arbeitszimmer über ihren Ordnern sitzt, macht Lilli ihre Hausaufgaben auf der Terrasse und schaut immer wieder zu den Hortensien hinüber.

Und dann, nach fast einer ganzen Stunde, bewegt sich plötzlich etwas in den Büschen. Lilli legt ihren Stift hin und beobachtet gespannt, wie Söckchen sich vorsichtig an die Näpfe heranschleicht. Ihr folgt das schwarze Kleine. Beide schnuppern an dem Katzenfutter und beginnen sofort zu fressen. Da kommt auch das graue Junge an und dicht hinter ihm das getigerte.

Jetzt erkennt Lilli, dass es wirklich viel kleiner ist als seine Geschwister. Schon hat sie einen Namen für das Tierchen: Minni.

Schließlich fressen alle vier Katzen aus den drei Näpfen neben der Falle. Es fühlt sich an, als würde ein Ballon voller Glück aus Lillis Herz aufsteigen. Diese Katzenbabys müssen nicht sterben, weil sich niemand um sie kümmert!

In den nächsten Tagen stellt Lilli morgens, mittags und abends Futter in den Garten. Anfangs fressen Söckchen und ihre Kleinen nur und verschwinden dann wieder. Aber schon bald fangen sie an, sich nach den Mahlzeiten länger im Garten aufzuhalten. Sie putzen sich selbst und einander. Und endlich wagt sich das schwarze Junge in die Katzenfalle, um dort weiteres Futter zu stibitzen. Beim nächsten Mal trauen sich auch seine Geschwister hinein, und am folgenden Tag sogar Söckchen.

Als die kleine Katzenfamilie wieder einmal auf der Wiese neben den Hortensien liegt und die vollen Bäuche genießt, knackt es plötzlich auf der anderen Seite der Mauer. Alle vier verschwinden blitzschnell in den Büschen.

Über der Mauer erscheinen zwei Gesichter: Jannik und Fabian. Sie müssen dort irgendetwas aufgestapelt haben, sodass sie hinüberschauen können. „Siehst du! Hab ich doch recht gehabt: Hier geht was vor sich“, sagt Fabian zu seinem Bruder.

„Was machst du denn mit den Katzen?“, will Jannik wissen. „Das da vorn ist eine Falle, oder?“

Lilli ist böse, weil die beiden Söckchens Familie vertrieben haben. Aber auch wenn sie innerlich vor Wut schäumt, kommt einfach nichts über ihre Lippen. Es ist wie verhext. Warum muss sie nur so schüchtern sein?

„Sag bloß, du willst sie einfangen, weil du ein Kuscheltier haben möchtest?“, höhnt Fabian.

Lilli würde den Nachbarsjungen gern ins Gesicht sagen, wie es wirklich ist und dass die Katzen ihre Hilfe brauchen. Doch sie bringt nichts heraus.

Da dreht sie sich um und rennt ins Haus, Tränen in den Augen. Das Gelächter von nebenan folgt ihr bis hinein.

Alles riskieren!

Ob Jannik und Fabian die Rettungsaktion für Söckchens Familie nun verderben, indem sie ständig an der Mauer auftauchen und die Katzen verjagen?

Doch die beiden scheinen anderes zu tun zu haben. Das ganze Wochenende sieht Lilli sie kaum.

Das ist super, denn Lilli macht mit der Katzenfamilie echte Fortschritte: Mittlerweile kann sie nämlich bei den Futternäpfen sitzen bleiben und die Tiere streifen nach dem Fressen um sie herum.

Während Söckchen immer ein bisschen Abstand hält, interessieren sich die Kleinen sehr für Lilli. Das Schwarze ist besonders neugierig und spielt mit Lillis Schnürsenkeln. Mutig geworden kommt das Graue dazu und schließlich auch Minni.

Bald erfinden sie zusammen ein neues Spiel: Lilli formt kleine Kugeln aus Papier und schießt sie über den Rasen. Die Kätzchen jagen ihnen mit fröhlichen Sprüngen hinterher.

Ach, wie ist das schön, als Lilli zum ersten Mal mit den Fingern über das weiche Fell der Katzenbabys streichen darf. Minni lässt es sich sogar gefallen, dass Lilli sie auf ihren Schoß lockt und dort streichelt. Plötzlich ist ein leises Geräusch zu hören: Minni schnurrt!

Söckchen beobachtet alles ganz genau, hat aber nichts dagegen, dass ihre Kinder mit Lilli Freundschaft schließen. Und in die Falle geht sie inzwischen auch, ohne zu zögern, um darin das gute Futter zu fressen.

„Dann ist der Moment gekommen“, sagt Frau Wege, als sie am Sonntagabend kurz vorbeischaut. „Söckchen hat Vertrauen zu dir. Jetzt entsicherst du die Falle und fängst sie ein.“

„Danach wird sie mir wohl nicht mehr vertrauen“, erwidert Lilli traurig.

„Mach dir keine Sorgen. Das wird sie sicher wieder. Aber erst mal bekommt sie natürlich einen Schreck, wenn die Klappe zufällt. Und dann musst du ganz schnell handeln …“

Schritt für Schritt erklärt Frau Wege Lilli und ihren Eltern, was sie tun sollen, wenn Söckchen in der Falle steckt. Und Lilli ist bereit, alles zu riskieren.

Am nächsten Tag nach der Schule ist es so weit. Papa hat Lilli am Morgen schon viel Glück für ihren Plan gewünscht und fest die Daumen gedrückt. Danach ist Lilli in die Schule gegangen, ohne die Katzenfamilie zu füttern. Söckchen soll richtig hungrig sein, wenn Lilli am Nachmittag die Falle zum Einfangen bereit macht.

Vor Aufregung ist Lilli ganz zittrig. Es ist wichtig, dass Söckchen in die Falle geht und nicht eines der Kleinen. Denn sobald die Falle einmal zuschnappt, wird die Mamakatze bestimmt kein Vertrauen mehr in sie haben.

Lilli öffnet eine Futterdose. Nach ein paar Minuten raschelt es im Gebüsch und

die Katzen erscheinen erwartungsvoll. Sicher haben sie großen Hunger.

Aber Lilli füllt nur ein wenig Futter in einen einzigen Napf und schiebt ihn ganz nach hinten in die Falle. Sie löst die Sicherung der Klappe und wartet gespannt.

Fast geht es schief: Das schwarze Junge will sich an seiner Mutter vorbeidrängen. Doch da schießt Lilli eine kleine Papierkugel vor seiner Nase über den Rasen. Das Kätzchen lässt sich zum Glück ablenken.

Söckchen huscht in die Falle. Als sie auf den Auslösemechanismus tritt, schnappt die Klappe zu. Sofort hat Söckchen vergessen, wie hungrig sie ist. Sie springt in der engen Falle hin und her, die Augen weit aufgerissen vor Schreck. Die Jungen sind blitzschnell in den Büschen verschwunden. Bestimmt rennen sie in ihr Versteck unter dem Kaminholzstapel.

Lilli hält Söckchens Furcht kaum aus. Rasch legt sie eine Decke über die Falle, damit die Katze sich darunter geschützt fühlt und nicht solche Angst haben muss. Schnell den Griff der Falle gepackt und los geht's!

Als Lilli zum Haus läuft, kommt ihr Mama schon entgegen. „Oh nein!", ruft sie beim Anblick der Falle. „Gerade hat mein Chef angerufen. Ich muss dringend ins Büro fahren."

„Aber Mama!", stöhnt Lilli. „Söckchen ist doch jetzt in der Falle. Wir müssen mit ihr zum Tierarzt."

Mama überlegt kurz. „Also gut“, sagt sie zu Lillis Erleichterung. „Lass uns gleich aufbrechen. Wir geben Söckchen ab und dann düse ich ins Büro.“

Frau Wege hat ihnen eine nahe gelegene Tierarztpraxis genannt, die mit dem Katzenschutzverein zusammenarbeitet. Dort übernimmt eine nette Helferin die Falle mit der Decke darüber.

Die Tierärztin schaut aus einem der Behandlungsräume. „Wieder mal ein Streunerchen?“, fragt sie Lilli.

Die traut sich nicht, etwas zu sagen, und nickt nur.

„Meine Tochter macht sich Sorgen, ob auch alles gut geht“, erklärt Mama.

Die Tierärztin lüpft kurz die Decke und begutachtet Söckchen. Dann lächelt sie Lilli freundlich an. „Deine Freundin sieht prima aus. Die Operation dauert nicht lange. Danach kommt sie zu Frau Wege ins Katzenhaus, wo sie sich in Ruhe erholen kann. Du

brauchst dir also wirklich keine Sorgen zu machen.“

Lilli lässt Söckchen nur ungern in der Tierarztpraxis allein, aber Mama wird im Büro erwartet. Die Leute hier sind bestimmt sehr lieb zu der Katzenmama. Und außerdem hat Lilli ja noch eine andere Aufgabe: Sie muss die Katzenbabys in die Transportbox locken.

Mut im richtigen Moment

„Schaffst du das denn allein?“, fragt Mama besorgt, als sie Lilli zu Hause absetzt.

So sicher ist Lilli sich da nicht. Aber sie versucht, zuversichtlich zu sein, und nickt entschlossen. Schließlich hängt jetzt alles von ihr ab. „Die Kleinen sind viel zutraulicher als Söckchen. Bestimmt kann ich sie anlocken. Und danach rufe ich Frau Wege an und wir bringen sie ins Katzenhaus. Dann sind sie schon da, wenn Söckchen von der Tierärztin kommt, und sie können alle wieder zusammen sein.“

Mama sieht Lilli ein bisschen länger an als sonst und streicht ihr übers Haar. „Ich bin stolz auf dich, meine Große“, sagt sie. „Dass du diesen Tieren hilfst, ist wirklich toll!“

„Wenn ich nur ein bisschen mutiger wäre“, denkt Lilli, als sie dem Auto kurz nachwinkt.

Jetzt aber schnell! Lilli rennt ins Haus, holt eine Dose Katzenfutter und die Transportbox, die Frau Wege ihr geliehen hat. In solchen Boxen werden Katzen bei Tierarztbesuchen oder auf Reisen untergebracht. Sie sind geräumig und bequem, anders als die Falle mit dem Schnappmechanismus.

Langsam geht Lilli mit der Box in den Garten. Von den Katzenkindern ist nichts zu sehen. Aber Lilli setzt sich einfach ins Gras, öffnet die Dose und füllt das Futter in einen Napf, den sie in die Transportbox stellt. Dazu summt sie eine Melodie vor sich hin, die sie in der Schule gelernt hat. Die Kätzchen mögen es, wenn sie leise singt.

Und tatsächlich dauert es nicht lange, da raschelt es in den Büschen. Das schwarze und das graue Katzenkind kommen heraus und tapsen auf sie zu. Die beiden lassen sich von Lilli streicheln und maunzen sie fragend an, als wollten sie wissen, wo ihre Mama ist.

„Ach, ihr Süßen, alles wird gut. Söckchen ist bald wieder bei euch“, tröstet Lilli sie und streicht über die kleinen, zarten Köpfe mit den niedlichen Ohren. Gleichzeitig hält sie die Augen nach Minni offen. Doch das grau getigerte Kätzchen ist nirgends zu sehen.

Als das graue und das schwarze Junge gemeinsam in die Box schleichen, um sich über das Futter herzumachen, schließt Lilli ganz sanft die Tür hinter ihnen. Die beiden bekommen es gar nicht mit und fressen mit gesundem Appetit weiter.

Aber wo ist Minni? Lilli überlegt kurz. Dann läuft sie rasch ins Haus, hinauf in ihr Zimmer. Sie öffnet das Fenster und sieht hinunter in den Nachbargarten.

Und da schnappt sie erschrocken nach Luft: Der Holzstoß hinter dem Gartenhaus ist in sich zusammengebrochen! Viele Scheite liegen kreuz und quer durcheinander und der Eingang zum Katzenversteck ist regelrecht verschüttet.

Was, wenn Minni noch dort drin ist und nicht herauskann? Oder schlimmer, wenn das Katzenkind verletzt unter den Scheiten eingeklemmt ist?

Neben dem Holzstoß liegt der Fußball der Zwillinge. Ob der Unfall etwa beim Spielen passiert ist? Lillis Herz schlägt rasend schnell. Sie spürt es bis hinauf in den Hals. Was soll sie jetzt bloß tun?

Bevor sie richtig darüber nachdenken kann, springt sie bereits die Treppe hinunter und läuft zur Haustür hinaus. Einmal um die

Ecke und die wenigen Stufen zur Tür des Nachbarhauses hinauf.

Kampmann steht auf dem Klingelschild, darauf sind drei Strichmännchen gezeichnet: ein großes mit langen Haaren und zwei etwas kleinere mit kurzen – Frau Kampmann und die Zwillinge. Ohne zu zögern, drückt Lilli den Knopf und kann es selbst kaum fassen, dass sie sich das traut. Doch sie muss die ganze Zeit an die süße Minni denken, die bestimmt dringend ihre Hilfe braucht. Hoffentlich ist Frau Kampmann da!

Aber als die Tür geöffnet wird, steht nicht ihre nette Nachbarin vor Lilli, sondern deren Söhne. „Was willst du denn hier?“, fragt Jannik, der Fabian neugierig über die Schulter schaut.

„Ich muss in euren Garten!“, platzt Lilli heraus. „Es geht um Leben und Tod!“

Die Brüder sehen sich verblüfft an. Doch da hat sich Lilli bereits einfach an ihnen vorbeigeschoben und rennt durch den langen

Flur nach hinten, durchs Wohnzimmer und die offene Terrassentür. Hinter sich hört sie die Jungen, die ihr ebenso schnell folgen.

Am Gartenhaus, vor dem umgestürzten Kaminholz, hält Lilli an. Oh nein, der Berg ist ja viel größer, als es von oben aussah!

„Leben und Tod?", wiederholt Jannik.

„Was ist denn mit unserem Gartenhaus?", will Fabian wissen.

„Wann ist das passiert?", fragt Lilli und deutet auf das Holz.

Jannik macht große Augen. „Hä? Wieso interessiert dich das?"

„Sag bloß, du willst jetzt wegen dem Holz meckern. Na, das wird Mama später schon übernehmen", meint Fabian.

„Eine von meinen Katzen ist vielleicht da drunter verschüttet!", ruft Lilli verzweifelt. „Seid doch mal still!"

Die beiden Jungen sind so überrascht, dass Lilli plötzlich derart selbstbewusst auftritt, dass sie sofort verstummen.

Alle drei lauschen. Und wirklich: Ein leises, klägliches Maunzen ist zu hören.

Lilli schießen Tränen in die Augen. Aber sie schluckt sie tapfer hinunter und gibt sich Mühe, ganz ruhig zu sprechen: „Hab keine Angst, Minni. Ich bin hier. Ich hol dich raus." Eilends macht sie sich an die Arbeit, die Holzscheite zur Seite zu räumen.

„Da ist ’ne Katze drunter?", fragt Fabian verdattert.

„Genau! Das war das Zuhause von Söckchen und ihren drei Jungen. Bekommt ihr denn nicht mit, was in eurem eigenen Garten passiert?", pflaumt Lilli ihn an, während sie weiterarbeitet.

Ein paar Sekunden ist es still hinter ihr. Nur das jämmerliche Rufen von Minni ist zu hören. Plötzlich schiebt sich jemand neben Lilli und greift nach einem der großen Holzklötze. Dann nach noch einem und noch einem.

Es ist Jannik. Lilli sieht ihn überrascht an. Jannik zuckt verlegen mit den Schultern.

„Das war ich, mit dem Fußball“, brummelt er und räumt weiter die Holzscheite zur Seite. Zwischendurch dreht er sich zu Fabian um. „Du legst die Scheite da ordentlich hin. Sonst kriegt Mama einen Wutanfall, wenn sie später nach Hause kommt.“

Fabian zögert kurz, aber schließlich macht er doch mit. Sie arbeiten zu dritt Hand in Hand. Und nach ein paar Minuten haben sie so viele Holzklötze beiseitegeschafft, dass Lilli in den schmalen Spalt zwischen Gartenhaus und Stapel hineinschauen kann. Von dort sehen sie zwei kleine grüne Augen ängstlich an.

„Ich bin's, Minni. Na, komm schön her. Ich bring dich zu

deinen Geschwistern", lockt Lilli das Tier mit leiser Stimme. Das Kätzchen tapst vertrauensvoll zu ihr und Lilli nimmt es sanft auf den Arm. Als sie sich zu den Zwillingen umdreht, weiß sie wieder mal nicht, was sie sagen soll.

„Ist die cool", murmelt Jannik und begutachtet Minni gebannt.

„Voll die kleinen Ohren", sagt Fabian, schaut dann aber auch Lilli an, als hätte er sie noch nie wirklich gesehen. „Ich wusste gar nicht, dass du so viel Mut hast. Katzen retten und so."

Zum Glück fällt Lilli gleich eine gute Antwort ein: „Manchmal kommt Mut genau im richtigen Moment."

Happy End für Söckchen

Wenn man zusammen ein Katzenbaby gerettet hat, muss man einfach befreundet sein. Das finden jedenfalls Jannik und Fabian. Die beiden kommen seit dem Vorfall jeden Nachmittag vorbei und holen Lilli ab. Mit den Rädern fahren sie zu dritt zum Katzenhaus des Vereins. Dort haben sich Söckchen und ihre Jungen bald eingewöhnt.

Die Kleinen spielen ausgelassen. Von Tag zu Tag scheinen sie größer und kräftiger zu werden. Kein Wunder, denn sie bekommen hier gutes Futter, werden gegen Parasiten behandelt und auch sonst bestens versorgt. Wie Lilli mögen Jannik und Fabian Minni am liebsten – schließlich haben sie das grau getigerte Kätzchen gemeinsam aus dem Versteck gerettet.

Söckchen beginnt langsam, den beiden Jungen zu vertrauen. Manchmal lässt sie sich von ihnen streicheln. Doch zu Lilli kommt sie sofort, wenn die sie ruft. Das beeindruckt die Brüder sehr. Aber auch, dass Lilli ihnen beim Fußballspielen ein paar der Dribbeltricks zeigt, die sie von Papa gelernt hat.

Die drei gehen gemeinsam zur Schule und Lilli versteht gar nicht mehr, wieso sie den Zwillingen früher ausgewichen ist. Wenn Jannik sie jetzt mal aufzieht, erschrickt Lilli nicht, sondern lacht mit ihm darüber und weiß manchmal sogar eine witzige Antwort. So verstreichen die Wochen und die Sommerferien rücken näher.

Irgendwann ist es so weit und Blacky und Samti, Minnis Brüder, werden von ihrer neuen Familie abgeholt: einem netten Ehepaar, das häufig zu Besuch ins Katzenhaus gekommen ist und die beiden schon an sich gewöhnt hat. Doch für Söckchen interessiert sich niemand, denn sie ist Fremden gegenüber scheu und versteckt sich, wenn jemand sie anschauen möchte.

Frau Wege ist darüber ziemlich traurig. Da der Katzenschutzverein die Tiere immer nur zu zweit abgibt, bedeutet das für Minni, dass sie weiterhin mit ihrer Mutter im Katzenhaus leben muss.

Eines Tages fragt Jannik auf dem Heimweg: „Warum nimmst du die beiden nicht, Lilli? Ich finde, sie gehören zu dir."

„Genau", stimmt Fabian zu. „Und wenn Söckchen nicht im Haus leben will, kann sie wieder hinter unserem Gartenhaus wohnen. Wir passen auch ganz doll auf, dass der Fußball nicht in diese Richtung fliegt."

Lilli lässt den Kopf hängen. „Mama und Papa erlauben das bestimmt nicht. Sie haben gleich gesagt, dass sie selbst keine Katze haben wollen."

In dem Augenblick biegen die Kinder um die Ecke und in der Einfahrt stehen Mama und Papa. „Na, ihr drei seid ja inzwischen unzertrennlich“, meint Papa.

„Frag sie doch einfach noch mal!“, schlägt Jannik Lilli so laut flüsternd vor, dass alle es mitbekommen.

„Was möchtest du uns fragen?“, will Mama wissen.

Lilli zögert. Aber Fabian stupst sie in die Seite und so erzählt Lilli, worüber die drei gerade gesprochen haben.

Mama und Papa sehen sich nachdenklich an. Dann sagt Papa: „Ich bin oft unterwegs und könnte die Katzen nicht versorgen. Und was wäre im Urlaub?“

„Da springen wir ein!“, ruft Fabian sofort und Jannik nickt.

„Na, ihr scheint euch ja einig zu sein. Dicke Freundschaft, hm?“, meint Mama lachend und schaut ein wenig verwundert von einem zum anderen.

„Das hab ich nur Söckchen und Minni zu verdanken“, erklärt Lilli schnell. „Durch sie bin ich längst nicht mehr so schüchtern wie früher und hab jetzt sogar … echte Freunde."

Wieder sehen Mama und Papa sich an. Papa nickt.

„Ich denke, ihr meint es ernst", sagt Mama. „Also gut …" Weiter kommt sie nicht, denn die Kinder hüpfen bereits kreischend um sie herum.

Lilli glaubt, dass ihr Herz vor Glück zerspringen will. Sie hat wirklich und wahrhaftig Freunde. Sie wird Söckchen und Minni ein Zuhause geben dürfen. Und sie weiß endlich, wie es ist, richtig mutig zu sein.